Agradecer e louvar ao Senhor

Coleção Confiança

Agradecer e louvar ao Senhor: palavras e gestos para fortalecer a nossa fé – Marie de la Visitation

Caminhos de luz: mensagens que iluminam a vida – Tarcila Tommasi

Em sintonia com Jesus: orações para renovar sua fé e otimismo – Anselm Grün

Espiritualidade e entusiasmo: caminhos para um mundo melhor – Anselm Grün

Palavras de ouro: promessas bíblicas – Tarcila Tommasi

Senhor, ensina-nos a rezar: reflexões sobre o Pai-Nosso – Lambert Noben

Marie de la Visitation

Agradecer e louvar ao Senhor

Palavras e gestos
para fortalecer a nossa fé

Paulinas

Dados Internacionais de Catalogação na Publicação (CIP)
(Câmara Brasileira do Livro, SP, Brasil)

Irmã Marie de la Visitation
  Agradecer e louvar ao Senhor : palavras e gestos para fortalecer a nossa fé / Irmã Marie de la Visitation ; tradução Marcelo Dias Almada. – São Paulo : Paulinas, 2012. – (Coleção confiança)

  Título original: 100 manières de dire merci.
  ISBN 978-85-356-3345-0

  1. Gratidão   2. Gratidão - Meditações   I. Título.   II. Série.

12-11527   CDD-241.4

Índice para catálogo sistemático:
1. Agradecimento : Cristianismo   241.4

Título original da obra: *100 manières de dire merci*
© Éditions des Béatitudes, S.O.C., 2010.

Direção-geral:	Bernadete Boff
Editora responsável:	Andréia Schweitzer
Tradução:	Marcelo Dias Almada
Copidesque:	Ana Cecilia Mari
Coordenação de revisão:	Marina Mendonça
Revisão:	Sandra Sinzato
Assistente de arte:	Ana Karina Rodrigues Caetano
Gerente de produção:	Felício Calegaro Neto
Projeto gráfico:	Manuel Rebelato Miramontes
Editoração eletrônica:	Wilson Teodoro Garcia

1ª edição – 2012

Nenhuma parte desta obra poderá ser reproduzida ou transmitida por qualquer forma e/ou quaisquer meios (eletrônico ou mecânico, incluindo fotocópia e gravação) ou arquivada em qualquer sistema ou banco de dados sem permissão escrita da Editora. Direitos reservados.

Paulinas
Rua Dona Inácia Uchoa, 62
04110-020 – São Paulo – SP (Brasil)
Tel.: (11) 2125-3500
http://www.paulinas.org.br – editora@paulinas.com.br
Telemarketing e SAC: 0800-7010081

© Pia Sociedade Filhas de São Paulo – São Paulo, 2012

A Santa Teresinha,
em agradecimento por sua
Pequena Via.

E se agradecêssemos?

Obrigado!
Oito letras
Uma palavra
Uma atitude
Uma mudança de vida.

Introdução

Quem nunca ouviu uma mãe dizer ao filho: "Diga obrigado à senhora!". Trata-se de uma regra simples de boas maneiras, que aprendemos na infância, mas que, muitas vezes, no dia a dia nos esquecemos de pôr em prática.

Obrigado. Oito letras. Nada de extraordinário. Essa palavra, porém, faz bem ao nosso ouvido e, se for dita de coração, desperta alegria, gratidão, reconhecimento.

O agradecimento é uma forma de comprovar que o outro existe. Ao dizer "obrigado" eu admito o quanto o gesto ou a presença da outra pessoa me são preciosos. Agradecer-lhe é reconhecer quem ela é, reconhecer seu ser. Quanta força numa palavra tão simples, aparentemente tão banal e, no entanto, capaz de transformar tanto a vida!

Lembro-me de uma irmã que costumava me surpreender com seu "muito obrigada". Essas duas palavras me marcaram profundamente. Eu lhe fazia um pequeno favor, e isso parecia ser algo muito maior, tal o modo como me agradecia. A palavra "muito" conferia a seu agradecimento uma tremenda força! Desse modo, um pequeno gesto adquiria uma dimensão quase "litúrgica". Compreendi, então, quanto uma simples palavra pode mudar nossas experiências e relações.

Em nossos relacionamentos, esses gestos são essenciais. Em nossa relação com Deus, também. Escrevi este livro justamente para agradecermos àquele que tanto nos ama, pois encontrei pessoas que diziam não ter muita criatividade, mas que ansiavam por ideias concretas para avançar em sua relação com Deus. Eis então uma forma singela de ajudá-las. Ele foi concebido como "agradecimentos a serem vividos".

Você poderá, se desejar, escolher cada dia um agradecimento e, assim, colocá-lo em prática. Poderá mantê-lo por um dia ou uma semana... ou até mesmo praticá-lo em forma de novena. Alguns desses agradecimentos estão em forma de louvor e adoração, enquanto outros representam maneiras de ser grato através de gestos de retribuição.

Trata-se de ideias de agradecimentos já vivenciadas. São, portanto, fruto da experiência e, como consequência, só terão sentido se forem colocados em prática!

Creio que é principalmente isso o que muitas vezes nos falta. Escutamos sem ouvir, sem refletir, sem tentar. Como aprender a nadar, sem entrar na água? Como relacionar-se com o outro, sem voltar-se para ele? Como avançar sem energia e sem combustível? Nosso combustível é a prece, a nossa força é o Espírito. Precisamos dos dois para avançar.

Se certos trechos não se adequarem à sua realidade, não há problema em saltá-los. Mas, se alguns o deixarem irritado, valerá a pena se deter neles. Talvez até surja inspiração para expressar-se com as suas próprias palavras... Para isso, você encontrará ao final algumas páginas em branco, destinadas aos seus próprios agradecimentos.

Deixe-se guiar pelo Espírito, ele ensinará o caminho!

Aguço meus ouvidos.
Escuta, Israel!
Shemá Israel!
Sempre queres falar comigo.
Não consigo te ouvir,
te entender.
A cada dia, porém,
tua palavra se faz ouvir.
O que me dizes?
Dá-me um ouvido
de discípulo.

I

Eu me levanto quinze minutos mais cedo
e me coloco diante de uma imagem de Jesus.
Deixo que ele me olhe e me ame.
Seu olhar atravessa o meu corpo.
Deixo que continue me olhando
até meus medos se desvanecerem.
O amor dissipa o medo.

2

Marco um encontro com o amor...
Anoto em minha agenda
o lugar, a data, o horário
da missa da qual participarei nesta semana.

3

Comungo em intenção
a nosso Santo Padre
Bento XVI.
Assim, rezo por ele,
por tudo o que ele representa
e também por aqueles
que são representados por ele.

4

Compro flores
e entrego-as à pessoa responsável
pela decoração da igreja
ou da comunidade
que frequento.

5

Faço uma novena
de ação de graças.
Dedico-me a ela,
persevero
e me rejubilo.
Estou imerso na alegria.
Deus ouve todas as preces.

6

Dez razões para viver alegremente:
Tu me deste a vida.
Nada pode separar-me do teu amor.
Tudo é graça.
Tudo está em tuas mãos.
Meu nome está gravado nas palmas
das tuas mãos.
Encarnaste por amor.
Ofereceste tua vida por todos nós.
Pai, deste-nos teu Filho único.
O Espírito nos foi dado.
Cada respiração é um dom, uma alegria,
uma graça...

7

Repito várias vezes o Salmo 117,
recitando, cantando, murmurando...

"Povos todos, louvai ao Senhor,
nações todas, dai-lhe glória;
porque forte é seu amor para conosco
e a fidelidade do Senhor dura para sempre."

8

Telefono para uma pessoa solitária,
doente, deprimida.
Eu a escuto, converso com ela.
Por alguns momentos, faço com que ela
esqueça as dificuldades,
tendo em mente que o amor doado
também é recebido por Jesus.

9

Agradeço a Jesus por nos ter dado Maria,
dádiva preciosa.
Leio lentamente o versículo do livro de João
e me dou conta de que Jesus
está se dirigindo a mim:

"Jesus, ao ver sua mãe
e, ao lado dela, o discípulo que ele amava,
disse a Maria: 'Mulher, eis o teu filho!'.
Depois disse ao discípulo: 'Eis aí tua mãe!'.
A partir daquela hora,
o discípulo a acolheu em sua casa"
(cf. João 19,26).

10

A visão é algo realmente maravilhoso,
um dom precioso...
Ver uma árvore, uma flor,
um pássaro, suas cores...
Apreciar, poder descrever o que está sendo visto.
É em razão disso que dou graças
por esse dom tão precioso.

11

Agradeço pela Bíblia.
Tomo minha Bíblia nas mãos
e a seguro junto ao meu coração.
Beijo-a, respeitosamente.
Deixo-a em um lugar de destaque,
para nunca me esquecer
de ler e refletir a Palavra do Senhor.

12

Penso em meu santo de devoção.
Relembro sua vida, seus feitos,
tudo que sei a seu respeito.
Dirijo-me a ele como se conversasse
com um amigo.
Agradeço por estar sempre perto de mim,
por interceder junto a Deus
por minhas necessidades.
Anoto em minha agenda o dia
em que ele é festejado
para celebrar a data rezando por sua memória.

13

"Amar é dar tudo de si."

Hoje decidi dar algo pelo que
tenho grande apreço.
É um gesto simbólico de desapego.
Peço a Jesus que me conceda
a delicadeza de seu amor
e também que ele me indique
a quem devo fazer essa doação.

14

Eu me alegro por poder sentir os vários sabores!
Assim, mastigo devagar os alimentos.
Sinto os diversos sabores:
salgado, doce, amargo...
Eu me rejubilo com esse presente...
Que delícia!
É preciso refletir sobre esse prazer!

15

Dizer sim!
Tornar-me uma pessoa que diz sim!
Eu me sinto acanhado diante de Maria,
ela que disse o grande sim.
Peço-lhe que me ensine a fazer o mesmo:
um sim sem sombras, sem restrições;
um sim que diz não a tudo o mais,
para que esse seja inteiro, pleno.

16

Com o crucifixo em minhas mãos,
faço silêncio,
observo, ouço, contemplo.
Adoro e agradeço àquilo que ele simboliza –
a maneira como Jesus morreu por nós.
Ao Senhor entrego meus sofrimentos
e os sofrimentos do mundo.

17

Pelos parques e jardins
passeio em companhia do Senhor.
Procuro refletir sobre algum versículo da Bíblia
de manhã, ao meio-dia, à noite.

18

"O Senhor fez por mim maravilhas.
Santo é seu nome."

Com Maria, contemplo as graças
que Deus derramou sobre a minha vida.
Para santificar seu nome,
tenho em minhas mãos um punhado delas.

19

No íntimo do meu ser,
no fundo de minhas entranhas
há um lugar santo
onde Deus habita.
Fecho os olhos
e lá mergulho.
Lá repouso
e permaneço
com ele.

20

Ele está vivo!
Meu Deus está vivo!
A vida me espera, me atrai.

"Quando irei ver a face do meu Deus?"

Espero ansiosamente por esse dia.

"Naquele momento,
Jesus exultou
no Espírito Santo
e disse: 'Eu te dou graças,
ó Pai, Senhor do céu e da terra.
Tu escondeste essas coisas
aos sábios e aos inteligentes
e as revelaste às crianças'.
Assim é, ó Pai, porque,
por amor, assim o quiseste"
(cf. Lc 10,21).

21

No colo de seu pai,
a criança puxa-lhe a barba,
mexe em suas orelhas.
Liberdades consentidas pela intimidade.
Abba é o melhor dos pais.
Ele me espera.
Jogo-me em seus braços,
com minhas alegrias, minhas dores.
E deixo em suas mãos minhas futilidades
e também as do mundo.

22

Ao sair de casa, pela manhã,
peço a Deus que abençoe as pessoas que trago
carinhosamente em meu coração.
Imagino-me traçando o sinal da cruz
na testa de cada uma.
Como sementes de esperança
que espalho, incansavelmente.

23

Decido confessar-me.
Peço a Maria que me ajude
a abrir o coração
para falar com Jesus
e confessar-lhe
o que me tem afastado dele,
para que assim eu consiga voltar a amar.
Vou beber da fonte e lá me lavar.

24

Falo bem alto com Deus.
Dirijo-me a ele com palavras doces,
gritos, risos, cantos.
Medos, alegrias, tristezas...
Tudo se eleva.

25

Passo o dia refletindo sobre as palavras do Salmo 8:

"Quando olho para o teu céu, obra de tuas mãos,
vejo a lua e as estrelas que criaste:
que é o ser humano, para dele te lembrares,
o filho do homem, para o visitares?
No entanto o fizeste só um pouco menor
que um deus,
de glória e de honra o coroaste.
Tu o colocaste à frente das obras de tuas mãos.
Tudo puseste sob os seus pés."

Deus me criou à sua imagem e semelhança.
Sou digno de ser amado!

26

Teu nome é um óleo que se derrama...
Um beijo em meus lábios.
Eu o murmuro, eu o canto.
Eu me uno a ti, a tua vida,
a tuas vontades, a tua sabedoria.

27

Procuro um lugar onde possa estar em contato com a natureza.
Respiro profundamente, várias vezes.
Caminho, observo, admiro a Criação.
Deixo-me contagiar pela beleza das flores
e pela alegria dos pássaros.
Amo a vida!

28

Sorrio...
ao me levantar,
ao me vestir,
ao me dirigir,
a pé,
de carro,
de metrô,
ao trabalho.

Em meu coração,
nos meus lábios
agradeço
por semear, por colher...
por ti.

29

Levo José para minha casa.
José, aquele que é conhecido
por acolher o Filho de Deus...

Ouço seu silêncio,
acolho sua força,
sua temperança,
sua obediência,
seu amor,
seu abandono.

30

Eu te amo, Senhor,
e procuro demonstrar esse amor
por meio de meu trabalho,
de dia, de noite...
Ofereço meu tempo,
meus ouvidos,
meu coração.
Partilho da alegria genuína
das crianças
que agradam ao Senhor.

31

"Coragem, teus pecados estão perdoados",
apagados, sem deixar vestígios.

Eu me rejubilo com isso,
adentro a alegria
da misericórdia do Senhor.
Porque o seu amor é eterno.
Agradeço por essa dádiva.
Esse perdão é algo que não
me permito questionar.

32

Sei que tua vontade é de que eu frutifique,
que dê frutos em abundância.
Encaro as contrariedades do dia a dia
como uma oportunidade,
para que eu e meus frutos amadureçam,
para a salvação de minha alma.

33

Deixo a ternura derramar-se
de meu coração e alcançar
quem quer que eu encontre...
Com delicadeza, atenção, doçura.

34

Mergulho no lugar secreto em que habitas.
Lá permaneço contigo,
como amigos a conversar
ou simplesmente sem nada dizer...
Juntos.

35

Agradeço o socorro,
a proteção
de meu anjo da guarda,
daquele que me foi enviado.
Eu me abro para o invisível,
para sua presença,
para seus conselhos.
Eu o deixo agir em minha vida
para a glória de Deus.

36

Jesus está presente.
Seu Reino está entre nós.
Ao longo do dia, internamente,
procuro estar em contato com ele.
Ele é o bem-amado da minha alma.

37

Jesus me perdoa,
me entende sempre.
E eu?
Também sei perdoar
àquele que me magoa?
Hoje decido seguir o exemplo de Jesus
e, antes de pedir perdão ao Pai por minhas faltas,
perdoar a quem me tenha ofendido.

38

Escrevo uma carta,
envio uma mensagem pela internet
ou mesmo pelo telefone.
Escrevo algumas palavras
que transmitam cuidado e atenção
a alguém que sofre.
Deixo de olhar apenas para mim mesmo
e procuro fazer o bem a quem precisa.

39

Abro minhas mãos.
Olho e observo-as.
Estão vazias.
Abertas em gesto de oferenda,
de acolhimento,
para aquele que se regozija
em abençoá-las.

40

"Tudo é graça."

A cada instante
murmuro e medito...
Sim, tudo é graça.
Escolho e decido
aderir a isso plenamente.

Estou com Deus.
Às vezes, contra Deus.
Mas nunca sem Deus.

41

Levo as mãos ao coração
e sinto as batidas,
o pulsar da vida.
Cristo entra no meu coração.

42

Sento-me diante do altar
e abro meu coração.
Apresento-me a Cristo
e a Maria, sua Mãe.
Com eles converso,
conto sobre o meu dia,
sobre meus planos,
agradeço pela vida.

43

Hoje é o dia mais belo
entre os que me restam na vida!
Vivo esse dia
como se fosse o primeiro,
como se fosse o último,
com todo o meu amor.

44

Jesus está bem perto.
Ele se faz presente,
me ouve, sabe quem eu sou.
Como Maria, digo-lhe:
"Eles não têm mais vinho".
Ofereço minhas intenções
e deixo tudo nas mãos dele...
Ele sabe o que faz.
Quanto a mim,
procuro viver da melhor forma possível,
seguindo o conselho de sua Mãe:
"Faça tudo o que ele lhe disser".

45

Doce Mãe do céu,
caríssima Maria,
a ti, Virgem Maria,
escrevo estas palavras simples.
Abro meu coração
e ofereço-te o meu amor.
Embora seja pouco,
recebe-o com ternura,
ó piedosa Imaculada.

46

Rio
de mim,
de meus erros,
de minhas gafes,
de minhas imperfeições.
Rio,
distancio-me
de minhas decepções,
das frustrações de cada dia.
Rio e minha felicidade aumenta.

47

Bom-dia, Ana.
Bom-dia, Marcos.
Bom-dia, Carina.
Bom-dia, João.
Bom-dia, Maria...
Dizer o nome de cada pessoa
significa reconhecê-las
como sendo únicas.
Semeio o reconhecimento.
Jesus, a colheita pertence a ti.

48

O fim das minhas ilusões:
nunca serei a pessoa que sonhei ser.
Nunca.
Às ilusões renuncio.
E, ao fazer isso, sinto, enfim,
a liberdade de ser teu filho querido.
Sem restrições.
Incondicionalmente.

49

Um bebê
nos braços da mãe
repousa com doçura.

Ah, eu também, Maria,
quero junto a ti repousar!
Encolho-me em teus braços.
És minha segurança,
meu porto seguro.

50

Não implico mais
com os defeitos dos outros.
Presto atenção
aos gestos e palavras comuns,
mas que transmitem amor.
Faço deles um buquê
de ação de graças.

51

Olho-me no espelho...
O que vês em mim, Jesus?

"Deus viu tudo quanto havia feito,
e era muito bom" (cf. Gn 1,31).

"És precioso aos meus olhos,
és digno de honra e eu te amo..." (cf. Is 43,4).

Eu me olho e digo:
"Que maravilha sou eu, e também tuas obras."

52

Como é importante ser
uma pessoa religiosa!
Falar em nome de Jesus,
compartilhar a vida dele,
transfundir em si seu sangue.

Tenho enorme admiração
pelos religiosos que encontro
e que conheço.
Rezo sempre por eles.

53

Um riso de criança.
Som cristalino
de felicidade
e alegria
compartilhadas.

"Eu te louvo, Pai, Senhor do céu e da terra,
porque escondeste estas coisas
aos sábios e entendidos
e as revelaste aos pequeninos"
(Mt 11,25).

54

Abro minha janela.
Inspiro o ar,
profundamente,
sinto a carícia do vento.
Respiro o Espírito.
Inspiro.
Expiro.
Sinto a força
do Espírito Santo.

55

Um passo de dança
para ti... contigo.
Movimento-me
como uma criança feliz,
e, sob teu olhar,
meus pés seguem no ritmo
da dança dos anjos.

56

A água
mata minha sede,
me refresca,
me sacia,
me dá vida,
me lava,
me conforta,
me tranquiliza.

"Quem beber da água que eu darei,
nunca mais terá sede,
porque a água que eu darei se tornará nele
uma fonte de água jorrando para a vida eterna"
(Jo 4,14).

57

Beijou seu crucifixo hoje,
antes de sair de casa,
antes de enfrentar a luta do dia a dia?

Preciso tanto
de tua presença, Jesus,
para enfrentar as dificuldades
do cotidiano!

58

Até a mim
minhas lamúrias,
minhas queixas
enervam.
Em vez de resmungar,
decido, então, agradecer...
muitas e muitas vezes.
Aprendo a deixar de lado
meus caprichos.

59

Acendo a luz.
Contemplo a claridade
que a tudo ilumina.
Dou graças pela beleza
da Criação.

"Deus disse: 'Faça-se a luz!'.
E a luz se fez"
(Gn 1,3).

Grandes e maravilhosas
são as tuas obras, Senhor!

60

Arrumo uma gaveta,
um armário.
Separo o velho do novo,
pela cor,
pelas estações.
Tu, Senhor, separas
as boas e as más ações.
Como distinguir
o bem do mal,
senão ouvindo a ti,
meu Salvador?

"O pão nosso de cada dia dá-nos hoje."

61

Um canto de amor
para ti, Jesus.
Relembro uma canção popular,
um refrão que aprecio.
Eu o dedico a ti.
Ao cantá-lo,
tu te fazes presente.

62

Assisto ao noticiário.
Quantas notícias ruins!
Abusos,
corrupção,
guerras,
conspirações.
Sei que estás perto
de todos os teus filhos, Jesus.
Recomendo-te todas essas pessoas.
Eu as confio a ti.
Guardo um momento de silêncio.
"Que venha teu Reino."

63

Antes de cortar ou partir o pão,
faço nele o sinal da cruz.
Tu és o pão da vida.
"O pão nosso de cada dia dá-nos hoje."
Permita-nos partilhá-lo
com aquele que tem fome.
Aumenta em mim
a fome que tenho de ti.

64

Sinto o aroma,
o sabor do café.
É de manhã
e de meu coração
se ergue uma prece
por aqueles que o cultivaram,
colheram,
embalaram,
transportaram.
Uno-me a meus irmãos,
e me rejubilo de seus dons,
de seu trabalho.
Imploro, para eles, a tua paz.

65

Estou em pé.
Dou um passo diante do outro.
Caminho.
Abençoo...
com reconhecimento,
com amor,
pela perseverança
daqueles que me ensinaram
e acreditaram
que eu continuaria a caminhada.

66

Murmuro teu nome:
Jesus,
Yeshua,
Javé salva,
Cristo!

Jesus,
meu amor,
minha paz.
Obrigado por essa dádiva
tão preciosa
que é teu nome.

67

Contemplo
o voo de um pássaro.
Ele plana.
Deixa-se levar pelo vento.
Ensina-me o segredo da felicidade
de se deixar ir,
de me abandonar
a tuas vontades, Senhor.

68

Fecho os olhos.
Presto atenção nos ruídos a meu redor.
Ruídos
de carros,
de ônibus,
de música,
de vozes.
Desço ao silêncio
em que habitas.
Entrego-lhe tudo isso.
Agradeço-te a vida
do mundo de hoje.

69

Tomo uma pedra nas mãos...
Observo, aliso-a, sinto seu peso.
Agradeço-lhe
por todas as pedras
que tu tiras do meu caminho!
Eu me rejubilo
por tudo o que fazes por mim.

70

Depois de pentear-me,
com minha escova ou meu pente,
observo meus cabelos.

Todos os fios estão contados por ti.
Tu me conheces
melhor do que eu mesmo.
Confio em ti.
Tu sabes tudo!

71

Paro e penso
no sofrimento
que habita em mim,
do qual fujo
e me dá medo.
Eu o encontro
no silêncio
de tua presença.
Ressuscitaste dos mortos
para me ajudar,
para habitar em mim,
para transfigurar esse sofrimento.
Deixo-me transfigurar
pelo teu olhar.

72

Os tapetes são objetos incomuns...
Absorvem a poeira,
a lama, a sujeira,
os resíduos, os detritos...

E eu, por causa da minha falsa perfeição,
da correria do dia a dia,
da minha rotina estressante,
perco as estribeiras
por causa de algo tão ínfimo
quanto um grão de areia.

Vou dizer "sim"
às surpresas de hoje.

73

Eu te amo
de todo o meu coração.
Eu te amo, Jesus,
apesar de meus erros,
de minhas faltas.
Quando sou fraco,
me torno forte
sob teu olhar
doce e humilde.
Hoje aprendo a viver
das realidades do alto,
de teu olhar,
de tua bondade.

74

Fecho a porta
com delicadeza,
segurando-a
para não fazer barulho,
como se levasse um bebê
dormindo em minha alma.
Coloco em meus gestos
a tua presença,
Maria!

75

E se pudéssemos
falar com Jesus ao telefone?
Pego o telefone,
ligo para ele,
abro meu coração.

Aos poucos me calo,
apuro meus ouvidos
diante do silêncio
através do qual
sinto a presença dele
a meu lado.

76

Acendo uma vela.
Contemplo a chama,
o odor, o calor,
a presença.

És a luz do mundo.
Sê minha luz
e minha verdade.

Conduze-me
à tua morada.
Sigo contigo.

77

Todos os nãos,
todas as decepções que lhe causo,
a ti eu entrego.
Não quero guardá-los,
com medo de que prejudiquem
e corroam meus sentidos.

Contigo tudo é novo,
a cada instante.
Basta acreditar nisso,
aceitar isso,
apegar-me a isso.

78

Sob os raios de sol
minha pele se aquece.
As cores se tornam mais vivas,
alegres.

Coloco-me sob teu olhar,
sol que não se põe,
sol da justiça,
sol do amor.

Agradeço por esse sol
que se levanta
para os bons e para os maus...
para aquilo que trago
de bom e de mau dentro de mim.

79

Tu chamas
cada uma das estrelas
pelo nome.
Tu, o Criador,
o inventor,
o escultor,
o sonhador.

Ao contemplar o céu,
percebo a abundância de tua generosidade,
a exuberância de teu amor.

80

No tabernáculo
te escondes,
humilde e modestamente.
Tu, o Mestre,
te humilhas.
O Altíssimo
vem ficar no meio de nós.
Agradeço-lhe
por esse segredo
que revelas
a nós, pequeninos.

Tudo concorre para o bem
daqueles que amam o Senhor.

81

Em minhas mãos
entregas teu corpo.
Esse é um ato indizível.
"Como devolverei ao Senhor
todo o bem que ele me faz?"
Erguerei a taça da salvação.
Invocarei teu nome.
A Eucaristia é o auge do dia
de ação de graças
e do intercâmbio entre tua riqueza
e minhas mãos vazias.

82

"Os últimos serão os primeiros."

Tua sabedoria é loucura
para meus olhos,
para minha razão,
para minha compreensão.
Meus fracassos e minhas falhas
são preciosos a teus olhos.
Eu os ofereço a ti.
Faz deles o que quiseres.
Tua presença tudo transfigura.

83

Um dia meu coração de pedra
se tornará de carne.
Tu nele habitarás
plena e inteiramente.
Minha rigidez se transformará
em flexibilidade,
minha violência, em doçura,
minha arrogância em humildade.
Meu coração será teu.
Seremos um!

84

"Dá a quem te pedir."

Hoje aceito viver
atento às necessidades
daqueles que eu encontrar
pelo caminho.
Aceito viver
gratuitamente
por teu Espírito.
Vem a mim.
Sem ti nada posso.

85

"Tudo concorre para o bem
daqueles que te amam"
(Rm 8,28).
Tudo, sem exceção.

Elevo a ti, Senhor,
tudo o que me parece
demasiado distante,
demasiado feio,
demasiado vergonhoso.

Tu podes fazer disso algo bom.

Concede-me amar-te,
como retribuição
de um amor tão generoso.

86

A cada minuto
uma pessoa agoniza e morre.

Permaneço ao pé da cruz e ofereço,
com Maria,
teu sangue derramado
pela salvação do mundo.
Sei que não queres
que nenhum de teus filhos se perca.

Faz meu coração crescer
até ganhar as dimensões
de tua graça infinita.

87

Jesus, tu baixaste o olhar
diante de teus perseguidores.
Não respondeste
aos que te insultavam.

Eu te ofereço
meus olhos,
meus lábios...
Ensina-me
a não me justificar,
a não querer ter razão a qualquer preço.

Tu és o escudo que me defende.
Sê meu defensor!

88

Eu te convido, Maria,
a vires ao pé de meu leito.
Vou dormir,
mas desejo tua prece,
tua ternura,
teu carinho.

Vem,
eu te amo,
minha mãe!

89

Para retribuir teu amor,
ofereço-te
um pequeno esforço
sob a forma de palavras amáveis.

É um pequeno segredo nosso.
É meu presente do dia.
Que ele seja como uma pequena flor
a perfumar meu caminhar.

90

Estás aqui,
Emanuel,
Deus conosco.

Estás presente
na beleza da Criação,
no coração das pessoas.

Abre-me para tua presença.
Ela é minha alegria,
minha força,
meu rochedo,
minha vida.

91

Um bebezinho
tão frágil
encanta,
recebe carinhos
e bênçãos.

Jesus, te fizeste pequeno,
dependente dos cuidados
de Maria e José.

Toma em tuas mãos
minha independência.
Ensina-me a me abandonar,
assim como o fizeste.

92

Escrevo a uma pessoa querida
uma carta em que reconheço
suas qualidades,
sua bondade,
sua centelha divina.

Eu a agradeço
por ela ser como é.
"Que bom que você existe."

93

Tudo pelo amor.
Nada pela força.
Tudo por teu Espírito.

Em tua presença
sigo dando pequenos passos.

Aos poucos,
isso vai se tornando algo crescente.
Mas é passo a passo.
Minuto após minuto.

Queres viver em mim.
Teu amor me dá força
para amar.

94

Estou vigilante
diante daquele que quer
me afastar de teu amor
e de tudo o que me desvia e me impede
de ser teu filho bem-amado.
Sou rico das qualidades
que me deste,
e ao mesmo tempo pobre,
pois tudo vem de ti.

95

Preparar-se para viver
apenas mais um dia
significa acreditar
que tudo vai dar certo
mesmo não tendo
domínio sobre coisa alguma.

Farei tudo o que puder
e também aceitarei
que tudo seja
conforme teus desígnios.

O importante é estar contigo.
O resto passa e me ultrapassa.

96

Jesus, manso e humilde de coração,
tua doçura me faz feliz.
Permite que hoje
eu possa sentir teu afeto,
tua delicadeza,
tua ternura.

97

Quase sempre
ando apressado,
estressado,
nervoso...
Elevo, então,
meu pensamento a ti...
Tu és paz.
Tomo assim distância
dos acontecimentos
e desfruto tua presença.

98

Um minuto para Deus...
Um minuto de silêncio
à espera de que o sinal fique verde,
de que a fila ande,
de que o caixa esteja disponível.
Contigo, esperar é uma grande dádiva.

99

Sofro.
A dor me surpreendeu...
Chegou sem avisar.
Como sobreviver?
Invoco os Santos
para que me ajudem
a enfrentar essa situação.

100

Leio o Evangelho do dia
em minha Bíblia.
Através dela,
sinto-me alimentado.
Saciado de ti,
sigo teus passos.

Meus agradecimentos

Meus agradecimentos

Meus agradecimentos

Meus agradecimentos

Meus agradecimentos

Meus agradecimentos

Conclusão

Agradecer ao Senhor é um modo de entrar em contato com ele e, portanto, de aumentar nossa fé. Fé no Cristo Ressuscitado, vivo, próximo. Ao ser colocada em prática, nossa crença se fortalece na esperança e encontra sua grande expressão na caridade.

Agradecer, louvar, é também partilhar da grande esperança de que um dia veremos Cristo face a face e nos tornaremos semelhantes a ele! No cotidiano essa nossa esperança pode parecer frágil, mas, se caminharmos de mãos dadas com a fé, ela nos levará a amar e a praticar a caridade.

Agradecer é nos tornarmos, dia após dia, filhos de Deus, o que na verdade já somos! "Vede que grande presente de amor o Pai nos deu: sermos chamados filhos de Deus! E nós o somos!" (1 João 3,1).

Entremos na intimidade dessa família, impregnemo-nos dos costumes do céu, vivamos essa beatitude, essa felicidade inaudita de poder hoje antecipar o céu, fazer o bem, viver o amor por meio do Espírito que nos foi dado. Vivamos essa simplicidade familiar. Assim nos tornaremos cada vez maiores de coração e espírito, e poderemos abraçar o mundo inteiro.

Jesus, afasta de nós os pecados. Agradecemos-te por isso.

Impresso na gráfica da
Pia Sociedade Filhas de São Paulo
Via Raposo Tavares, km 19,145
05577-300 - São Paulo, SP - Brasil - 2012